BR-TRANS

de **Silvero Pereira**

BR-Trans estreou em 20 de junho de 2013, no Espaço Utopia e Luta, em Porto Alegre.[1]

Idealização, Pesquisa, Dramaturgia e Atuação
Silvero Pereira

Encenação e Orientação
Jezebel De Carli

Cenário
Marcos Krug, Rodrigo Shalako e Silvero Pereira

Figurino, Maquiagem e Adereços
Silvero Pereira

Iluminação
Lucca Simas

Trilha sonora pesquisada
Silvero Pereira

Músicos
Rodrigo Apolinário e Ayrton Pessoa

Produção
Coletivo Artístico As Travestidas, Ana Luiza Bergmann e Quintal Produções

Identidade visual gráfica
Sandro Ka

Vídeos
Ivan Ribeiro

Operação de Vídeos
Ana Luiza Bergmann e Italo Lopes

Realização
Coletivo Artístico As Travestidas e SOMOS/RS

PRELÚDIO: A HISTÓRIA DE SILVERO/GISELE[2]

O ator recepciona o público travestido e maquiado, mas com alguns adereços faltando, como saltos, brincos ou algo mais. Cumprimenta o público e anuncia algumas instruções, de forma muito simpática, sobre a utilização de celulares para fotos e filmagens. O público pode fotografar ou filmar a peça, desde que use #brtrans ao postar, a fim de que se possa acompanhar a divulgação das imagens pelas redes sociais.

Bom, eu me chamo Silvero Pereira, sou cearense do sertão central, mais especificamente da cidade de Mombaça. Comecei fazendo teatro em 1997 e no ano de 2000 fui morar numa comunidade na região metropolitana de Fortaleza, onde passei a conviver com muitas travestis e transformistas. Nessa convivência, eu saía com elas à noite e as via se relacionando com os caras, mas durante o dia elas sofriam muita discriminação, inclusive dos próprios caras com quem se relacionavam. Na época, eu estava fazendo teatro e ficava me perguntando sobre como fazer para que essa questão que era algo pessoal, uma inquietação artística, também pudesse se tornar coletiva, e que as pessoas começassem a falar e discutir a respeito. Foi então que no ano de 2002 surgiu meu primeiro espetáculo sobre travestis e transformistas que se chamava *Uma flor de dama*. E é nele que surge essa figura [*escreve "Gisele" no braço*].

Gisele nasce como uma personagem, mas com o passar do tempo ela vai se apropriando da minha vida de uma forma que hoje vai além do palco. É até uma sensação meio engraçada, meio esquizofrênica. Eu não sei dizer exatamente onde, hoje, termina o Silvero e onde começa a Gisele. Por exemplo, se eu sair de Gisele numa noite e no dia seguinte esquecer de tirar o esmalte das unhas e decidir fazer qualquer coisa cotidiana como pagar uma passagem de ônibus, comprar um pão numa padaria, as pessoas ficam olhando pra mim vestido como Silvero, mas com as unhas de Gisele. Na verdade eu não posso criticar a criatura, porque nem eu sei, naquele momento, que parte do corpo é o Silvero e que parte do corpo é a Gisele.

PRÓLOGO: GISELE ALMODÓVAR

O ator, já completamente travestido de Gisele, assume essa nova personalidade que agora conversa com o público. O texto a seguir é dito com sotaque espanhol.[3]

Boa noite, senhoras e senhores,

Por conta de um acidente involuntário, Silvero Pereira, que diariamente triunfa sobre este cenário, hoje não pôde estar aqui, pobrezinho!

Sendo assim, que se suspenda a sessão. Porém... se não têm nada melhor a fazer, e uma vez que vieram ao teatro, é uma pena que se vão. Se ficarem, prometo lhes entreter contando a história de minha vida.

Sim?

Muito bom!

Meu pai se chama Pedro Almodóvar. Minha mãe, Gisele Bündchen. Sim, meu pai e minha mãe são pessoas muito famosas, mas eu sou muito autêntica. Olhem meu corpo! Vou lhes dar a medida: Rasgado de olho? Oitenta mil. Nariz? Nada está como nasci. Tetas? Duas, porque não sou nenhum monstro, setenta cada uma. Silicone? Lábios, frente, pômulo e quadris, 100 mil por litros. Pode fazer a conta, porque eu já perdi. Depilação a laser? Sessenta mil por sessão. Se és muito barbada precisa de quatro a cinco sessões, mas se és folclórica, precisa de mais, claro!

Mas como estava dizendo, me *gusta* muito ser autêntica, porque uma mulher é mais autêntica quanto mais se parece com o sonhado de si mesma!

Lê um trecho de "She's a Rainbow", dos Rolling Stones, ao microfone, enquanto ao fundo é projetada em vídeo uma frase de Roberta Close: "Quando criança, me disseram que se passasse por debaixo de um arco-íris, virava mulher. Passei minha infância toda procurando um arco-íris."

Começa a tocar "Born To Die", de Lana Del Rey.[4] *Durante a música, em coreografia, o ator tira a roupa e a maquiagem de Gisele e veste roupas masculinas.*

CENA I – MEDO DESSE ASSUNTO[5]

Eu senti medo. Medo do escuro, da velocidade dos carros, do fato de haver muitas pessoas circulando, dos olhares inquisidores; medo da violência e da polícia, medo de não ser aceito ou cometer alguma "gafe" entre elas, medo de emoções e situações desconhecidas. Principalmente medo de tocar mais uma vez neste assunto.

O medo foi um sentimento importante para mim porque percebi que esse não é um privilégio meu, de artista inquieto. O medo é uma constante na vida delas: medo de não ter casa, de não ter comida, de não ter amor, de ser socialmente excluída, de ser agredida no meio da rua, da violência, da solidão e da morte.

O medo me aproximou delas, porque foi o primeiro sentimento que identificamos ter em comum, que já dividíamos, e isso motivou meu fascínio e nossa amizade.

Nunca tivemos uma relação desigual. Da mesma forma que eu buscava histórias, elas reivindicavam detalhes de minha vida particular, sobre minhas práticas, meus desejos e valores, desafiando minhas ideias. Reciprocidade sempre foi a maior lei.

Mas nem tudo são flores. A violência, verbal e física, também é lei no mundo da noite. E isso fortalece muito o medo de quem vive esse universo. A violência verbal é corriqueira, você a encontra em qualquer lugar: na rua, na praça ou mesmo no caixa de supermercado. Mas a violência física... Bah! Essa eu acho que nunca vou conseguir explicar.

CENA II – ASSASSINADAS, ASSASSINADAS!

Ao som da música instrumental "Meninas de Ponta,"[6] da banda potiguar Rosa de Pedra, o ator desenha corpos no chão. Esses corpos devem estar de mãos dadas.

Uma desgraça segue os passos de outra. Tão próximas elas vêm. É noite, e talvez por isso elas costumam acontecer, pois no escuro será mais fácil esquecer. Mataram elas, um tiro na cabeça de cada uma. Em uma esquina dessas qualquer, onde o asfalto deixa de ser cinza ao ser iluminado por faróis vindos de caminhos distintos. Lá elas viviam seus sonhos, simulacros, ou o que sobrou deles. Usavam vermelho na boca e nas bochechas, os olhos eram marrons e bem esfumaçados, mas no fundo ainda se via luz e sonho, sempre o sonho. Porque elas apenas buscavam "ser". Vestidas com roupas que para alguns recatados podem ser agressivas, mas que para pessoas sensatas não passam apenas de "poder ser". Lá, após uma curva pequena, elas entravam e saíam de carros apenas para poder dar amor e vida àqueles que procuram sem ter coragem de se mostrar. Porque elas, sim, são corajosas, e mostram, vendem ou simplesmente dão. Lá elas caíram, seus vestidos agora perdiam as cores e as flores em contato com o chão; asfalto, terra.

Elas então começaram a cantar, cantar uma para a outra, enquanto uma arma, não se sabe por que motivo, era apontada para suas cabeças. Elas cantavam pedaços de canções, contavam restos de histórias e o que mais ainda pudesse vir em suas mentes no pouco tempo que ainda tinham. Juntas, deitadas naquele asfalto, onde já não eram mais tão diferentes. Ou nunca haviam sido, já que ali aprenderam a ser. Mas não demorou até que ouvissem o primeiro barulho e um líquido salgado escorresse por suas bochechas. Enquanto um líquido quente e escarlate como seu batom pudesse lavar aquele chão. Antes, o tempo apenas de olhar uma à outra e darem as mãos. O que passou por suas cabeças para darem as mãos naquela hora? Isso nós nunca vamos saber.

Assassinadas! Assassinadas!

Ao fim da cena, o ator canta a música "Meninas de Ponta". Durante a canção, imagens de travestis assassinadas são projetadas ao fundo. Ainda durante a canção, o ator recita um trecho adaptado de Hamlet, *de Shakespeare.*[7]

"Uma desgraça segue os passos de outra. Tão próximas elas vêm. Tua irmã se afogou, Laertes. Inclinado sobre o riacho cresce um salgueiro choroso, com suas folhas cor de cinza refletidas na água. Lá ela fazia uma coroa misteriosa de botões de ouro, urtigas, margaridas e umas flores roxas a que nossos rudes pastores dão nomes grosseiros, mas que nossas recatadas donzelas chamam de dedos de defunto. Lá então ela subiu pelos galhos retorcidos para pendurar sua coroa, e ela junto. Caiu na água, flutuou por um tempo como se fosse uma sereia e, então, começou a cantar. Inconsciente, inconsciente de sua própria desgraça como se fosse uma criatura daquele riacho, não demorou muito até que suas vestimentas começaram a ficar pesadas e arrastaram-na daquele canto melodioso para a morte. Afogada! Afogada!"

CENA III – TRÊS TRAVESTIS

Enquanto fala, o ator se dirige aos corpos desenhados no chão.

Nada a fazer? Nada a fazer. Apenas ficar trancado no meu apartamento lavando minhas mãos sujas de sangue. Um sangue que não é meu, uma culpa que não é minha, mas por mais que eu lave, esse maldito sangue não sai nunca. Apenas ficar aqui, trancado em minha casa. Não! Isso eu não vou fazer! Eu vou para a rua, para a chuva. Uma chuva fina, fria, persistente como a minha tristeza, mas com relâmpagos de uma catástrofe futura. O amanhã, o depois, o que vai acontecer? O que vai acontecer? Relaxa, baby! O que tem que acontecer, acontecerá. Barquinho na correnteza ao deus-dará! Eram coisas assim meio burras, meio piegas, que eu vinha pensando ultimamente. Então decidi andar. Sem pensar. Apenas andar e olhar: caras, fachadas, vitrinas, automóveis, nuvens, anjos bandidos, fadas piradas, descargas de monóxido de carbono. O que eu precisava mesmo era descobrir algo que me tirasse da cabeça a angústia de querer abrir o gás.

Foi então que eu me lembrei de um livro do Caio Fernando Abreu que dizia: "E sonho esse sonho que se estende em rua, em rua, em rua, em vão."[8]

Lê trecho do conto "Dama da noite", de Caio Fernando Abreu, enquanto imagens de uma travesti andando por ruas e bares são projetadas ao fundo.

Foi então que a vi. Estava sentada em um bar. Um bar brega. Cabelos mal pintados, maquiagem mal feita. Uma prostituta travesti, isso era o mais visível nela. Sentada no bar, ela e um jovem conversavam e tomavam cerveja. A prostituta travesti chorava. Sem escândalo, sem gemidos nem soluços, ela chorava devagar, mas chorava de verdade. Parecia até um palhaço, desses bem tristes, que no finalzinho da tarde ficam observando a rua. Vez em quando dava um gole na cerveja. E continuava a chorar, sem se importar que as pessoas passassem e vissem seu sofrimento.

Eu vi. Ela não me viu. Não via ninguém, acho. Estava tão perdida na própria dor que estava, também, meio cega. Ninguém parou. Eu também não. Não era um espetáculo imperdível, não era uma dor reluzente de néon, não estava enquadrada ou decupada. Era uma dor sem glamour. Lençol desses bem sujinhos, que a gente usa durante um mês e não tem coragem de lavar. Buraco na sola do sapato. Furo na meia, dente cariado. Gente habitando aquela camada casca-grossa da vida. Sem receber uma bendita leveza de cada dia — Bom dia! Um beijo no rosto. Boa tarde! Um botão de rosa. Boa noite! Uma música de Caetano.

Canta "Três travestis," de Caetano Veloso.[9]

Três travestis
Traçam perfis na praça
Lápis e giz,
Boca e nariz, fumaça
Lótus e liz,
Drops de aniz, cachaça
Péssima atriz
Chão, salto e triz, trapaça
Quem é que diz?
Quem é feliz?
Quem passa?
A codorniz
O chamariz, a caça
Três travestis
Três colibris de raça
Deixam o país
E enchem Paris de graça

Recita trecho de Hamlet Machine, *de Heiner Müller, enquanto apaga os corpos desenhados no chão.*[10]

"Eu sou Ofélia, aquela que o rio não conservou. A mulher na forca, com as veias cortadas, a cabeça no fogão a gás. Ontem deixei de me matar. Estou só, com minhas coxas, meus seios, meu ventre. Destruo o campo de batalha que foi o meu lar, a cadeira, a mesa, a cama. Abro as portas para que o vento possa entrar e o grito do mundo. Despedaço as janelas. Com as mãos sangrando rasgo as fotografias dos homens que amei e que se serviram de mim na cadeira, na mesa, na cama, no chão. Toco fogo na minha prisão. Jogo minhas roupas no fogo. Exumo do meu peito o relógio que foi o meu coração e vou para a rua, vestida em meu próprio sangue."

Que ridícula é a minha. Que ridícula é a minha dor. Olhando para aquela travesti cansada bebendo no bar, que ridícula é a minha dor. Aliás, aquela travesti sou eu. Maltratada, humilhada, abandonada, cheia de dúvidas, doenças, medo. Alguém aqui já sentiu isso alguma vez na vida?

Que bom! Porque isso prova que somos todos iguais.

Depois disso eu fui pra casa. No meio do caminho, um amigo meu me ligou dizendo que estava sofrendo muito, que precisava de ajuda e se eu podia ir até a casa dele pra ajudar. Eu disse que sim. Não por nobreza, sabe, mas acho que cuidar da dor dele talvez fizesse eu esquecer a minha. O que, de fato, fez. Quando cheguei em sua casa, ele me perguntou por que que sofrer dói tanto. Eu disse: Sei lá, cara! Acho que porque é daí que nascem as canções. Então contei para ele da travesti sentada, sofrendo, bebendo no bar. Mas eu também me lembrei de uma outra história.

CENA IV – CAMADA CASCA-GROSSA DA VIDA

Ao longo da cena, o ator descasca um abacaxi.[11]

No final da década de 1970, um garoto vinha do interior para a capital com pouquíssimas coisas na bagagem, mas com uma vontade enorme de conhecer o mundo e, principalmente, a si mesmo.

Marcelly, esse foi o nome que escolheu para sua verdadeira identidade. Desde pequenininho já se sentia diferente dos outros meninos, mas não contava com o apoio dos pais e muito menos de qualquer pessoa da comunidade em que vivia. Então ele ficou só, sem ninguém com quem conversar, desabafar, se mostrar. E apenas um pensamento pairava sobre sua cabeça: *To be or not to be? That's the question!*

Com vinte anos, por indicação de uma freira de quem gostava muito, conseguiu um emprego na Santa Casa de Misericórdia, uma oportunidade que fez dessa nossa personagem a principal de um conto nem um pouco de fadas. Nossa personagem é uma Cinderela de pés grandes que limpou muito chão, e o pouco que ganhava mal dava para comprar uma peça de roupa ou pagar o aluguel de seu quartinho.

No seu primeiro dia de trabalho, conheceu Katy, nossa Branca de Neve, pois esta já havia sido expulsa do palácio e trabalhava na noite prestando serviços para anões, príncipes e outros mais. Assim, Branca de Neve e Cinderela se tornaram grandes amigas. Branca mostrou para Cindy coisas importantes como maçãs envenenadas, madrastas, silicone, cafetinas, hormônios, necas, odaras, erês, elzas e, o mais importante de todos: o feitiço de Áquila. De dia a realidade, à noite Michelle Pfeiffer.

Mas não podemos deixar de falar dos vilões de nossa história, aqui chamados de "alibans". Quando chegavam os "alibans", nossas heroínas voavam, pulavam na água, corriam e se camuflavam entre as árvores do parque, pois quando não conseguiam escapar, a humilhação era grande. Apanhar passou a ser rotina. Se fossem pegas, acho que nem Walt Disney, Andersen ou os Grimm conseguiriam pensar em coisa mais terrível.

Na verdade, acho que Walt Disney pensou quando fez aquele filme *Bambi, o viadinho*. A viada-mãe vai para o meio da floresta. Há uma névoa e, de repente, só escutamos um barulho. E ninguém sabe o que aconteceu com ela. Bom, era mais ou menos isso que acontecia com nossas princesas.

Marcelly não conseguiu trabalhar na noite, foi para um novo emprego no qual conseguiu ajudar várias outras princesas — Brancas de Neves, Cinderelas, Rapunzéis, Belas Adormecidas, Princesas Isabéis e, principalmente, aquelas que sofriam de uma doença terrível provocada por uma sociedade bem cruel. Marcelly jogou fora a camada casca-grossa da vida e ficou um pouco mais doce — mas também um pouco ácida.

Marcelly guarda até hoje em seu miolo um gosto amargo, uma dureza, uma angústia que algumas pessoas conseguem comer até o final. [*mostrando o abacaxi cortado*] Já outras, jamais vão conseguir engolir.

CENA V – A HISTÓRIA DE BRUNA

Eu queria contar a história de Bruna.[12]

Eu conheci Bruna no Rio de Janeiro. Ela trabalha de segunda a sexta pro serviço militar. Bruna é transexual. Ela mora com um rapaz de 22 anos que é completamente apaixonado por ela. Uma das coisas que mais gosta de fazer é acordar cedo de manhã, preparar o café e levar para ele na cama. Depois arruma a casa toda e, ao meio-dia, grita: "Vem pra mesa, amor, que o almoço está pronto!"

Para algumas mulheres isso pode parecer não ser mulher, pode parecer ser "Amélia". Mas, para Bruna, é uma felicidade sem tamanho. No início do ano fui visitá-la. Ela estava sentada no sofá tomando café, tirou o boné, mostrando a franja, e disse: "Olha, bicha, já está quase um franjão!" Por 17 anos, ela teve cabelos curtos por causa do serviço.

Bruna está sendo aposentada pelo serviço militar, diagnosticada com distúrbio bipolar. A primeira coisa que ela vai fazer quando sair é colocar peitos, deixar os cabelos crescerem e se casar!

CENA VI – AS BARATAS DO VIZINHO

Uma luz se acende formando o desenho de uma janela.

Para os homens daqui, ainda sou a exótica, estranha, bizarra, ameaçadora... A perigosa. Talvez, se pudesse voltar atrás e escolher, eu nem seria isso que sou. Não que eu não goste, mas seria menos sofrido. Sabe o que eu vejo todo dia quando abro minha janela? Cascas de laranja e banana, pontas de cigarro, copos descartáveis, espigas de milho, palitos de picolé, sacos plásticos, e esse cheiro terrível que não sai nunca. Acho que o lugar onde eu moro nem no

mapa existe. Sabe o que que eu vejo todo dia de manhã quando abro a janela? "Isso não é verdade." Talvez eu esteja exagerando e isso seja apenas o refrão de um samba famoso que um cara quis pichar bem aqui na minha vista: "Isso não é verdade." Mas isso é verdade, sim. Eu vivo no mundo imaginário, um lugar onde as aparências enganam, onde verdadeiro e falso é muito mais uma questão de vontade do que de realidade. Imaginação e ponto de vista. "Isso não é verdade!" Sabe o que me faz lembrar da verdade do mundo real em que vivo? As baratas! O vizinho daí de baixo dedetizou a casa dele, e, em vez de morrerem, as baratas fogem de lá e vêm para cá, como se quisessem me lembrar da minha verdade, da minha realidade. Elas passam o dia por aí, em cima da louça suja, da roupa... Podiam lavar, pelo menos assim ajudavam a pagar o aluguel com serviço.[13]

CENA VII – LIVRE-SE DOS DEMÔNIOS

Eu queria colocar uma música. Estou ensaiando essa música para fazer um show numa boate. Na verdade é uma música que eu acho que as transformistas não vão curtir muito, porque não tem aquelas tragédias e gritarias que elas tanto gostam, mas eu gosto dela por causa da letra.

Coloca "Shake it out", de Florence and the Machine, para tocar. O ator faz uma espécie de tradução simultânea da música e dubla algumas partes, em uma espécie de performance transformista. A música começa suave, e o ator vai se transformando em um ser agressivo conforme a evolução da canção.[14]

CENA VIII – A CARTA[15]

Luz de penumbra. O ator lê uma carta antiga de sua mãe. Pode ser também uma outra carta, da mãe de uma travesti ou de uma transexual.

Mombaça, 11/8/96
Meu querido meu abraço
              Silvero, em mim há muitas saudades.

Ao iniciar-te estas poucas linhas e ao mesmo tempo obtive as suas, e espero que esta a encontre gozando a mais perfeita felicidade e muitas alegrias e desejo que cada momento de sua vida seja de alegrias, harmonias e paz. Silvero, Deus te abençoe meu filho. Saiba que gosto muito de você e lhe quero muito e sinto muitas saudades. Não esqueça disso que acabo de lhe dizer. Eu não tenho muito para lhe oferecer, mas todos os dias rezo a Deus pedindo a sua felicidade.

Meu filho, você está bem? Espero que sim. Se não estiver, mesmo pobre como eu sou lhe recebo de todo o meu coração. Não tenho muito para lhe dar, mas tenho o meu amor. Não tenho nada para lhe mandar, mas mando o meu abraço de gratidão.

Olhe, eu estou bem, graças a Deus. Fiquei muito triste por não ter te visto, mas só em saber que você está bem já tenho um pouco de alegrias. Seu pai não voltou mais. Ele está trabalhando fora com o Morais. A Cristiana não ganhou menino ainda. A Nagila e o Carlos estão bem e aqui a gente continua na mesma, serviço pouco e muitas dificuldades. Mas é isso mesmo. Espero que Deus nos abençoe e mude um pouco a nossa vida. Quem sabe.

Juntos agradecemos os presentes. A toalha gostei muito, obrigada, nem precisava.

Seu pai não viu a camisa porque, como eu disse, ele está fora viajando.

Olhe, a festa aqui está muito animada!

Olhe Silvero, aqui está tudo e espero que você muito bem também.

Um abraço de seu pai, de seus irmãos e o meu muito forte pra você.

De sua mãe pra você um grande abraço,

Rita

CENA IX – MASCULINO E FEMININO

Sentimentos, desejos e angústias. Minha vida inteira eu fui criada como menino, aprendendo que há coisas masculinas e coisas femininas, papéis sociais diferentes que devem ser seguidos, que os comportamentos devem ser diferentes, as brincadeiras diferentes, os modos de falar, andar e vestir devem ser diferentes. Mas nada disso fazia sentido pra mim, tudo parecia estranho. Com a família, sempre foi tudo muito complicado. Desde quando me entendo por gente, a relação com meus pais foi difícil, porque depois dos meus sete anos de idade a feminilidade começou a aflorar em mim, por todos os meus poros, e começaram as cobranças. Me diziam: senta como homem, come que nem homem, caminha que nem homem, fala que nem homem... E eu não conseguia, porque eu não estava falando como mulher. Eu estava sendo como eu era!

Na escola também não era diferente. A escola deveria ser um lugar onde você aprende a ser livre, a vencer obstáculos, a viver em paz. Mas sabem o que existe na escola? [*escrevendo com giz*] ÓDIO, SOLIDÃO, MEDO, EXCLUSÃO.[16] Essas são disciplinas que não estão registradas no currículo, mas que você é obrigado a fazer. Sabe o que me dava mais raiva? BANHEIRO. No feminino eu não podia entrar, do masculino eu tinha nojo. Então passava a manhã inteira sem poder fazer xixi, só urinava quando chegava em casa. Mesmo assim, terminei o primeiro e o segundo grau, além de cursar uma faculdade. Faculdade! Um lugar mais aberto e cheio de mentes livres... Não foi muito diferente, não. Na sala de aula eu era chamada pelo nome de homem, mesmo já estando vestida de mulher, já tendo assumido minha feminilidade. Os professores insistiam em me chamar pelo nome de homem. Então, joguei tudo para o ar, mandei a faculdade para "a puta que lhe pariu!" e fui trabalhar na noite. Fui pra batalha. Me assumi feminina, passei a tomar hormônios, deixei os peitinhos crescerem, cabelos curtinhos crescendo, roupas femininas... Eu precisava assumir meu nome: Gisele. Adeus ao meu lado masculino! Bem-vinda ao feminino!

Canta a música "Masculino e feminino", de Pepeu Gomes.[17] Na parte instrumental da música, fala ao microfone.

Consegui um emprego. Vendedora numa livraria. As pessoas não sabiam se estavam sendo atendidas por um homem ou por uma mulher. Isso fez o gerente da loja achar que era constrangedor para os clientes, e, assim, fui demitida.

Depois, fui trabalhar como auxiliar de cabeleireiro, onde conheci vários gays, e, em seguida, as trans. Foi quando comecei a entrar de fato nesse universo. Eu já estava bem feminina e os clientes começaram a me "cantar". A dona do salão, uma travesti cinquentona, ficou com ciúmes e me demitiu.

Então, sem casa, sem família, sem estudo, sem religião e sem profissão, acabei na prostituição.

Se afasta do microfone.

CENA X – A HISTÓRIA DE DANI

Eu queria contar a história de Dani.

Conheci Dani no PCPA (Presídio Central de Porto Alegre). É o segundo presídio no país que tem uma ala somente para travestis e seus companheiros. O primeiro fica em Belo Horizonte.

Dani é um companheiro!

Eu fui dar uma oficina de teatro nesse presídio por mais ou menos três meses. Aí a Milena, uma das travestis detentas, se aproximou e disse que dos cinco anos em que vivia ali, aquela era a primeira vez em que se sentia livre, como se tivesse pulado o muro e voltado ao tempo de criança, o tempo de escola.

Quando eu estava indo embora, Dani Boy se aproximou com uma almofada que ele mesmo fez a mão, das que costuma fazer para vender em feirinhas dentro do presídio. Dani passou a almofada pelas grades, entregando-a nas minhas mãos, e disse ser um presente em troca do que eu tinha feito por eles naquele dia.

CENA XI – O BOY[18]

Depois disso fui pra batalha, trabalhar na noite. Foi quando conheci um boyzinho de 22 anos. Tesão, pauzão! Dois meses depois, resolvi alugar um apartamento e fomos morar juntos. No início foi maravilhoso, mas depois do oitavo mês as coisas começaram a ficar bem complicadas. Foi horrível, porque no início havia ainda a conquista e as descobertas... mas começou a passar o tempo e ele não aceitava meu trabalho na pista.

— Eu não aceito essa história de você fazer programa.

— Ok, querido, tudo bem que você não aceite, mas então me diz como nós vamos nos sustentar? Ou melhor, como eu vou te sustentar? Porque você não tem condições de me manter.

— Não precisa jogar na cara!

— Não se trata de jogar na cara, pelo amor de Deus! Acontece que a única maneira que eu tenho de sustentar esta casa é fazendo programa, mas se você não está satisfeito, então boa sorte. Vai e procura outra pessoa.

— Pra você tudo é muito fácil.

— Não, não é fácil. Você pensa que é fácil ser como eu sou? Pensa que é fácil fazer o que faço? Pois não é! Eu só não quero é ter que chegar em casa e ficar em pé de guerra com você. Se for pra ser assim, prefiro acabar.

— Mas então muda. Não precisa se arrumar toda pra homem de rua.

— Aí é que está o problema. O cliente não para na rua se a primeira imagem não for de beleza, de sedução. Essa é a primeira regra da noite, baby! Você só faz programa se o homem te olhar na esquina e já sentir tesão. Se eu for sair maltrapilha, feia, ele vai achar que sou uma craqueira qualquer e vai embora com medo. [pausa] Ok. Se é assim, a gente pode tentar. Vou sair agora do jeito que estiver, sem maquiagem, sem me vestir melhor, e até sem perfume. Agora, você tem que me ajudar também, não me deixe sozinha nessa história.

E ele não me deixou sozinha. Aliás, ele não me deixou em paz nem um minuto. Às vezes eu pegava um cliente, entrava no carro, e quando ia entrando no motel ele aparecia de moto, me tirava do carro pelos cabelos e me batia até o cliente ir embora. Alguns clientes puxavam o revólver achando ser assalto e eu, louca, ficava gritando pelo amor de Deus pra não atirar, que era meu marido. Ele me batia na frente do cliente, batia na minha cara, me levava pra casa e batia novamente.

Eu perdi muitos clientes nesse período. Às vezes eu ficava na pista e ele ficava escondido na moto numa esquina, me vigiando. Na hora que um carro parava, ele ia lá e me batia. Essa relação era muito doentia. Quando eu chegava do trabalho, me esfregava bastante no chuveiro e escovava os dentes com muita força pra depois chegar perto dele, mas muitas vezes, quando eu ainda estava no banho, ele ficava na porta, acendia a luz bem forte e me perguntava se eu tinha transado, se tinha marcas de chupão no corpo e se algum deles tinha me deixado em casa. Se ele suspeitasse de alguma coisa, eu apanhava mais uma vez. Me diz se isso é vida, viado! [*quase chorando*]

Hoje estou tão traumatizada com tudo isso que nunca mais quero morar com homem algum. Namorar, sim, mas nunca mais dormir e acordar e ter escovas de dentes juntas, as roupas dele juntas com as minhas... Não!

Eu acho quase impossível se prostituir e ter uma vida amorosa tranquila. Até conheço algumas que conseguem ter uma relação afetiva, mas comigo não deu certo.

Com muito medo de ele fazer coisa pior comigo, um dia larguei o apartamento com tudo dentro, não levei absolutamente nada, nem minhas roupas. Deixei tudo pra ele e fui embora. Recomeçar.

Doeu muito, muito mesmo. Sofrer dói, mas faz um bem danado depois que passa!

CENA XII – A HISTÓRIA DE GISBERTA

Eu fui pra fora do estado morar com uma amiga artista. Ela era transformista, fazia shows em boates, e me levou pra conhecer a noite e assistir um show seu.

— Bicha, qualquer dia desses tu devia fazer um show...

— Que fazer show, viado! Eu lá nasci pra fazer show. Eu nasci foi pra ajudar os outros, foi pra isso que eu vim pra cá, pra ajudar você. Olha que fino! De todas as bichas que trabalham nessa boate, você é a única que tem uma camareira.

— Que nada, viado. Com esse nariz que você tem, não precisa nem de muita coisa. Aliás, qualquer dia desses vou quebrar a sua cara...

— Se tu quebrar a minha cara eu quebro a sua também!

— Bicha doida! É quebrar com maquiagem, deixar o rosto mais afilado, mais feminino. Olha, decora a música, que eu vou falar com o dono da boate. Daqui a uma semana quero você arrasando em cima do palco. E vai arrasar, porque afilhada minha não faz coisa feia em cima de palco.

[*para o público*] Eu que não acreditei. Mas passei a semana inteira decorando a música. Quando chegou o dia, ela trouxe um picumã babadeiro pra mim, um perucão, sabe? Porque eu tinha o cabelo comprido, mas o babado mesmo era ter perucão pras bichas ficarem tudo com inveja. [*o ator vai se travestindo com lençóis brancos amarrados pelo corpo*] Era uma espécie de show de talentos, que só quem pode fazer são as novatas. Aí estavam aquelas bichas, tudo metida a besta, cheias de brilho, e eu toda humilde pra fazer meu show.

Eu acho até que a minha madrinha ganhava algum dinheiro com isso, mas eu não estava nem ligando. Estava curtindo essa coisa de artista. Foi então que soltaram minha música.

Interpreta, dublando ou cantando ao vivo, a canção "Balada de Gisberta", de Pedro Abrunhosa.[19] *Já montada com os lençóis.*

Sobre os lençóis que cobrem seu corpo, são projetadas imagens de matérias de jornal sobre a travesti Gisberta, brutalmente assassinada na cidade do Porto, em Portugal.

> Perdi-me do nome,
> Hoje podes chamar-me de tua,
> Dancei em palácios,
> Hoje danço na rua.
> Vesti-me de sonhos,
> Hoje visto as bermas da estrada,
> De que serve voltar
> Quando se volta p'ró nada.
> Eu não sei se um Anjo me chama,
> Eu não sei dos mil homens na cama
> E o céu não pode esperar.
> Eu não sei se a noite me leva,
> Eu não ouço o meu grito na treva,
> E o fim vem-me buscar.
> Sambei na avenida,
> No escuro fui porta-estandarte,
> Apagaram-se as luzes,
> É o futuro que parte.
> Escrevi o desejo,
> Corações que já esqueci,
> Com sedas matei
> E com ferros morri.
> Eu não sei se um Anjo me chama,
> Eu não sei dos mil homens na cama
> E o céu não pode esperar.
> Eu não sei se a noite me leva,
> Eu não ouço o meu grito na treva,
> E o fim vem-me buscar.

Trouxe pouco,
Levo menos,
E a distância até ao fundo é tão pequena,
No fundo, é tão pequena,
A queda.
E o amor é tão longe,
O amor é tão longe... (...)
E a dor é tão perto.

Tremi muito, mas foi uma das sensações mais gostosas da minha vida. Aquela gente toda me aplaudindo, com os olhos brilhando e sorrindo. Tem gente que acha que o que a gente faz não é arte. Que artista mesmo é o ator, o bailarino, que ficam seis meses ou um ano ensaiando pra fazer alguma coisa. [*vai em direção ao público*] Meu cu pra Fernanda Montenegro, meu cu pra Marco Nanini, pra Antunes Filho, pra José Celso Martinez, pra Marieta Severo. Meu cu!

Quando subo em um palco e faço uma Maria Bethânia, uma Elis Regina, uma Gal Costa, uma Clara Nunes, eu me sinto como uma espécie de Carlitos.

CENA XIII – A HISTÓRIA DE TYNA

Eu queria contar a história de Tyna.

Eu também conheci Tyna no Presídio Central de Porto Alegre, no meu 15º dia de oficina. Naquele dia, pedi que fizessem uma cena do passado, da infância ou da adolescência, mas que fosse uma lembrança boa. Então ela me levou para um canto da cela onde era possível ver uma janela de vidro e, através dessa janela, uma colina verde com uma casinha no topo.

O ator faz a cena seguinte atrás de um biombo, e a plateia apenas ouve o diálogo.

— Está vendo ali? É a casa da minha avó! Sempre dói muito vir pra cá e ver isso. Fico imaginando todo mundo ali, tomando cafezinho, conversando. Mas eu ligo pra lá e ninguém atende, dizem que não tem ninguém pra falar comigo.

— E o que você vai fazer quando sair daqui?

— Capaz! Eu vou lá! É minha família, eles têm que me ajudar e me aceitar!

CENA XIV – A HISTÓRIA DE BABI[20]

Eu queria contar a história de Babi. A Babi eu conheci na Farrapos, uma avenida de prostituição que tem em Porto Alegre. O sonho da Babi era ser atriz. Ela começou a realizar esse sonho fazendo show de transformismo em boate, até que ela deu sorte. Um diretor de teatro famoso foi assisti-la e a convidou para fazer parte de um espetáculo de repertório de seu grupo.

— Bah, não acreditei! Essas coisas com viado é tudo bagunça e confusão! Mas ele me disse que seria no Teatro São Pedro, o teatro estadual que tem na cidade. Capaz! Fiquei louca! Cheguei lá e fui super bem tratada, me deram cafezinho, água. Era até pra cantar uma música bem bonita que eu conhecia desde criança porque meio que contava um pouco da minha história. Não dá pra descrever minha sensação com as luzes, as pessoas me olhando, a cortina aberta. Naquele momento, eu me senti, pela primeira vez, uma pessoa importante cantando uma música forte, que toca de verdade. Foi um momento ímpar, que eu não tenho como explicar.

O ator vai até o microfone e canta "Geni e o Zepelim", de Chico Buarque. Na última estrofe da música, ele troca o nome Geni por Babi.

Ao fundo, as seguintes palavras são projetadas em movimento:

Hoje, Babi mora em Pelotas, no interior do Rio Grande do Sul. Se um dia você quiser ligar para a casa dela e falar com ela, chame pelo Carlos. A família detesta que a chamem de Babi.[21]

FIM[22]

Comentários do autor

Caro leitor,

No intuito de compartilhar as experiências vividas ao longo do processo de criação da dramaturgia do espetáculo e para revelar os procedimentos dessa construção, divido aqui algumas inspirações, reflexões e referências, marcadas ao longo do texto da peça, que me instigaram na elaboração do projeto *BR-Trans*.

BR-Trans foi um divisor de águas na minha formação artística, principalmente pela dedicação que empenhei e pelo envolvimento afetivo que construí com as travestis, transexuais e transformistas que se dispuseram a contribuir para a escrita do texto. Entretanto, meu envolvimento vai para além da escrita, da encenação e da apresentação do espetáculo. Trata-se de um processo de imersão, revelador e transformador das minhas questões enquanto indivíduo e da minha relação com a sociedade. Apresento, aqui, os caminhos traçados e as escolhas feitas para contar uma história que parte do documental, do registro, mas, principalmente, da verticalização pessoal sobre uma temática que sofre com estigmas e caricaturas marginais.

Silvero Pereira

[1] O espetáculo foi contemplado com a Bolsa Interações Estéticas 2012, no edital do MinC e da Funarte, sob o título *BR-Trans: cartografia artística e social do universo trans no Brasil*.

[2] O "Prelúdio" surgiu de uma provocação da diretora Jezebel De Carli para oferecer aos espectadores que não conhecem a minha pesquisa sobre o universo trans no teatro a existência da figura de Gisele Almodóvar em minha formação artística.

[3] O diretor de cinema espanhol Pedro Almodóvar é uma forte referência na minha criação enquanto ator, diretor e dramaturgo. Desde meu primeiro trabalho sobre a temática trans, seus filmes são material de pesquisa para a concepção da estética na direção de arte.

[4] As músicas nesta peça têm um papel específico na construção da dramaturgia. Não as uso como ilustração ou criação de atmosfera, mas como parte essencial do texto. Elas são parte da dramaturgia. "Born to Die", título da música de Lana Del Rey, em português significa "nascida para morrer". É neste contexto que se constroem as primeiras cenas do espetáculo: no campo da denúncia, da violência.

[5] Ao ler as primeiras páginas do livro *Toda feita*, de Marco Benedetti, me identifiquei com o que o autor fala a respeito de sentir medo ao adentrar o universo de travestis, transformistas e transexuais. Dessa identificação surgiu este trecho da peça, numa ilustração clara sobre meus sentimentos durante a pesquisa desenvolvida para o espetáculo. *Toda feita* é o resultado de um longo e intenso trabalho de

campo de Benedetti com as travestis, iniciado em 1994. O autor acompanhou as travestis que se prostituíam em Porto Alegre em seu cotidiano e na "batalha" (nos pontos de prostituição da capital).

[6] Ouvi essa música pela primeira vez dois anos antes de iniciar o projeto *BR-Trans*. Ela havia sido composta para o espetáculo *Avental todo sujo de ovo*, encenado em Natal (RN). Na ocasião, as cantoras da peça dedicaram a música a minha pessoa, pois pouco tempo antes elas haviam assistido ao outro solo em que eu atuava, *Uma flor de dama*. "Meninas de Ponta", de Ângela Castro e Tiquinha Rodrigues, é uma música composta para travestis que se prostituíam na praia de Ponta Negra, em Natal. Uma canção agridoce, que transita entre a delicadeza e o dilaceramento. Guardei aquela sensação e o desejo de um dia trabalhar com essa música por muito tempo.

[7] No seriado *Som e fúria*, de Fernando Meirelles, há uma cena em que a atriz Andrea Beltrão anuncia a morte de Ofélia que reverberou em mim durante muito tempo. Ao iniciar a dramaturgia de *BR-Trans*, meu desejo era subverter os clássicos da dramaturgia mundial, trazer referências de Shakespeare, Brecht, Beckett, entre outros. Meu intuito era provocar um questionamento de igualdade: não importa se falamos de mulheres, homens, rainhas ou travestis, o importante é falar de seres humanos. Dessa forma, eu buscava identificar nesses autores trechos que pudessem ser transubstanciados e ressignificados para a temática que envolvia *BR-Trans*. Compreendendo o meu anseio em subverter as dramaturgias, a diretora Jezebel De Carli promoveu exer-

cícios em que esses textos que haviam sido modificados também pudessem ser ditos de forma literal, fortalecendo a ideia de que somos seres humanos iguais em situações diferentes; de que somos todos humanos independentemente de classe social, religião ou gênero.

[8] *BR-Trans* parte de um projeto que pretendia revisitar minha pesquisa dentro do Coletivo As Travestidas: os espetáculos encenados e os caminhos da formação do ator nesse universo da travestilidade. Aqui, faço referência à personagem do conto "Dama da noite", de Caio Fernando Abreu, que me fez entrar no universo da travestilidade durante a construção do meu primeiro solo, *Uma flor de dama*, que foi sua influência na minha vida pessoal, artística e militante.

[9] Essa é uma canção da década de 1980 que me comove. Fiz uma pesquisa sobre músicas que falassem sobre travestis e encontrei essa, de Caetano Veloso, na voz de Zezé Motta, cantada num clipe para o *Fantástico* em 1983, um ano após meu nascimento.

[10] Usar um trecho deste texto foi uma importante sugestão da diretora para trazer outra versão da Ofélia, de *Hamlet*, para a encenação. Entretanto, esta Ofélia que quase se matou é um eco do caso de Oseias, transexual potiguar que fez um vídeo anunciando que iria tentar tirar a própria vida enquanto relatava a morte de uma amiga travesti. As palavras de Ofélia, em *Hamlet Machine*, de Heiner Müller, fazem ecoar em mim a dor de Oseias na vida real.

[11] Na época do processo de criação do texto, conversei com uma amiga que me disse transformar histórias reais de travestis que conhecia em contos de fadas para as filhas dormirem. Esse fato me provocou tantas emoções que, ao sair de um ensaio, tive um *insight*. Passei num supermercado e comprei utensílios de cozinha e um abacaxi. Chegando em casa, improvisei a cena enquanto cortava o abacaxi para servir aos amigos com quem eu morava em Porto Alegre, tendo como mote a história da transexual militante do Rio Grande do Sul Marcelly Malta. A cena foi registrada em vídeo e depois aprimorada para o espetáculo.

[12] Conheci algumas pessoas ao longo do processo. Junto à direção do espetáculo, fui chegando à conclusão de que havia a necessidade de mostrar minha relação direta com as travestis, transexuais e transformistas que entrevistei, e de que as histórias desses encontros pudessem estar em cena, a fim de aproximar o público da realidade e da veracidade da pesquisa.

[13] A história das baratas é uma história real de uma travesti que conheci, que morava numa quitinete na periferia de Fortaleza. Em uma das nossas entrevistas, sua casa estava repleta de baratas, e a travesti brincou dizendo que elas eram as meninas que ela criava. Achei esse fato tão surreal que imediatamente vi a necessidade de colocá-lo em cena. Talvez nesse ponto o público consiga absorver um pouco dessa marginalidade e, principalmente, da solidão dessas meninas.

[14] Essa música tem um lugar muito importante no espetáculo. A cena traduz a existência do trágico e do cômico

convivendo lado a lado. Uma relação que é inerente ao universo trans e que a cada novo trabalho meu enxergo como mais necessária. Aqui, é possível conduzir o espectador entre a empatia e a crueldade, entre os anjos e demônios que habitam cada um de nós.

[15] A cena da carta foi uma provocação da diretora para fragilizar o ator. *BR-Trans* foi encenada com um trabalho de atuação complexo — o ator que canta, pula, dança, opera som e luz. Esse, então, é o momento em que a diretora desejou desconstruir a carcaça do ator e abrir suas feridas, expor suas dores e fraquezas, num exercício que pudesse fazê-lo experimentar suas dores, expor suas relações familiares e mostrar mais da humanidade e menos da teatralidade.

Em outras montagens do texto de *BR-Trans*, nesta cena, pode ser utilizada a mesma carta, de minha mãe, que deixo transcrita aqui no livro para apreciação, mas sugere-se que o encenador e o ator possam pesquisar novas correspondências entre mães e travestis ou transexuais, a fim de tornar a experiência mais pessoal na atuação.

[16] Muitas das histórias que foram pesquisadas se cruzam em vários pontos — família, decepções amorosas, a luta pela sobrevivência numa sociedade preconceituosa. Entretanto, a escola é um dos pontos mais significativos de convergência dessas histórias. E não se restringe, apenas, à temática em questão, mas está principalmente associada a toda e qualquer forma de exclusão. Em uma apresentação na cidade de Porto Alegre, um deficiente físico me comoveu durante essa cena, quando me fez parar o espetáculo para dizer que também sofreu exclusão na escola por sua condição física. E

foi nesse dia que percebi que a discussão desta peça não é somente sobre travestis. É sobre todos nós!

[17] Durante o carnaval de 2013, em Olinda, ouvi Baby do Brasil cantar essa música de Pepeu Gomes. Na época, eu já estava fazendo a pesquisa para o espetáculo e nunca tinha associado essa música ao meu trabalho. Imediatamente joguei fora a cerveja e anotei a música em um pedaço de papel. Logo após o carnaval ela já fazia parte da dramaturgia do espetáculo.

[18] O texto *BR-Trans* não segue uma estrutura aristotélica, nem mesmo tenta dar início e fim às tantas histórias que vivenciei. Muitas das histórias vão se misturando, e às vezes se confundem com a minha história pessoal. Essa é uma prática na minha construção do texto documental, em que busco dar uma costura e criar uma confusão entre o pesquisador e seu objeto, tornando-os um só corpo, uma só história, uma construção de questionamento e provocação social, por vezes chegando a confundir o público sobre se aquilo que escuta é fato ou ficção, se é sobre o entrevistado ou o entrevistador.

[19] Gisberta foi uma travesti brasileira brutalmente assassinada na cidade do Porto, em Portugal. Conheci sua história por meio de relatos em redes sociais, matérias de jornais impressos ou mesmo em sites. Tive um enorme desejo de expor esse caso, e encontrei uma forma de fazer isso no momento que entrei em contato com a canção "Balada de Gisberta", de Pedro Abrunhosa. Com essa canção abdiquei de toda e qualquer descrição da história em si e, mais uma vez, resolvi utilizar a música como princípio dramatúrgico,

por meio do qual a história é contada nas entrelinhas, sem a necessidade da exposição crua dos fatos. O que existe é a intenção e a história no corpo e na voz. O público deve apenas sentir essa relação entre a história real, a poesia da música e a poética da cena.

[20] Babi é um presente que essa pesquisa me deu. Em determinado momento, angustiado sobre como e onde iria terminar toda essa construção, me deparei com uma transexual da cidade de Pelotas que se tornou transformista em Porto Alegre e tinha o sonho de ser atriz. Esse sonho se concretizou quando ela cantou "Geni e o Zepelim", de Chico Buarque, no Teatro Estadual São Pedro. Daí em diante, bastou me utilizar de um artifício de espelhamento entre Babi e Geni e dar o arremate final ao texto. Sem falar que a canção é uma construção clássica do teatro nacional de *A ópera do malandro*, cuja personagem é uma travesti e que teve várias versões de interpretação, inclusive uma feita por uma transexual na década de 1970.

[21] Esse é um depoimento meu. Durante a pesquisa tentei entrar em contato com a Babi. Entre informações de assassinato e suicídio, descubro que ela vive com os pais em Pelotas e trabalha na mercearia do pai com cabelos curtos, seios enfaixados e atende pelo nome de Carlos.

Até o final da pesquisa e da montagem do espetáculo, as informações que consegui foi de que Babi nunca mais voltou a fazer teatro ou shows de transformismo.

[22] O Brasil ocupa o primeiro lugar no *ranking* de assassinatos de travestis e transexuais no mundo, com mais de quinhentos casos documentados entre 2012 e 2015, uma mé-

dia de 160 casos por ano, 0,5 caso por dia. Só em janeiro de 2016, foram quase sessenta casos de homicídio por lesbo--homo-transfobia, numa estatística de quase dois casos por dia. Portanto, ainda não chegamos ao fim!

Movimentos da encenação

Para complementar a leitura do texto dramatúrgico de autoria de Silvero Pereira, compartilho com o leitor rascunhos, ideias, composições, acasos, comentários e notas do caderno de encenação que elucidam alguns caminhos e trajetos trilhados pela direção de *BR-Trans*. O processo não se esgota nesses fatos e fragmentos, mas foi uma questão de escolha destacar estes e não outros pontos. Pertencem a esse texto palavras, imagens, frases e sensações.

Talvez vocês tenham a ver...

BR-Trans surgiu como uma possibilidade em 2013. Eu estava participando de um festival de dança em Salvador quando um amigo me falou sobre um ator de Fortaleza que estava em Porto Alegre, cuja pesquisa teria ressonância com a minha poética. "Você precisa conhecer Silvero Pereira. Ele está em Porto Alegre desenvolvendo uma criação sobre o universo trans, e está em busca de um(a) diretor(a) da cidade para ser seu/sua provocador(a) cênico(a). Acho que pode ser você!"

"Bacana", disse eu, "passa meu contato a ele". Ao retornar a Porto Alegre, e após algumas tentativas, nos conhecemos.

Encontro-me, então, com Gisele (alter ego de Silvero). Conversamos e, sim, algo me instiga e topo a provocação. Assumo, então, a direção do trabalho. Inicia-se o trânsito Porto Alegre-Fortaleza, e, após três intensos meses, estreamos *BR-Trans*, um manifesto, uma narrativa documental, um teatro depoimento, uma performance transformista. *BR-Trans* reafirma o teatro como uma possibilidade de invenção e transformação do humano, como um espaço de encontro e de manifestação da diferença. Precisamos falar de... e sobre...

As paradas do *BR*

Algumas palavras que me contaminaram ao conduzir o processo de montagem do espetáculo *BR-Trans*: incompletude, inacabado, desordem, performatividade, polifonia, rusticidade, devir, corpo, cômico, inscrição, ética, real, ficcional, tensão, provocação, revolta e desconstrução.

O ator com fogo nos olhos

Não parto do vazio. Em nosso primeiro encontro de trabalho, Silvero apresenta materiais de sua pesquisa. Percebo possibilidades, identifico o lugar de um contundente discurso e, mais do que tudo, me apaixono pelo ator que tem fogo nos olhos... E estabelecemos o pacto. "Tudo é bem-vindo!!! É o tempo do sim!!!" Silvero aceita todas as interferências, sugestões, cortes, delírios e devaneios. Compra todas as propostas, motes e tarefas. Juntos, tecemos a escritura cênica. Na encenação, as palavras mantêm uma relação indissoluta com a ação, com a luz, com a música e com os demais elementos que compõem a cena espetacular.

Uma linha que conduz a encenação

O fragmento como produtor de conteúdos; embaralhamento de histórias, documentos e memórias. Conduzo a encenação de *BR-Trans* em busca de indefinições e incompletudes. Intencionalmente, quero que o público venha a se perguntar: "Quais histórias foram vivenciadas por Silvero e constituem uma investigação autobiográfica? Seriam narrativas cartografadas durante a pesquisa dramatúrgica e assumidas pelo ator como suas? Estão presentes textos de outros autores?" Interessava-me lidar com a dubiedade — o que é de Silvero e o que é de Gisele, Babi, Bruna, Tyna, Dani, Milena, Marcelly e de outras tantas vozes presentes no espetáculo? Sendo assim, seguindo um interesse e um senso de direção, evidencio a performance mais do que a interpretação de personagens, enfatizo a não linearidade, conduzo o ator ao campo da atuação, evitando a representação, evoco materiais da pesquisa dando relevo ao processo.

Memória da carne. "Carne vai bem com carne!" Opto, como quem procura um arco-íris, que a encenação transite pela carne de Silvero e que por seu corpo percorram Gisele, Babi, Castanha, Marcelly.

Gisele — vestido vermelho, público

Proponho que o espetáculo tenha seu início com Silvero montado de Gisele. Em um tom festivo e amoroso, brincado, Silvero conversa diretamente com o público, assim meio show, meio auditório, meio número de dublagem. Embaralhamento de Silvero e Gisele; a voz de Silvero no visual de Gisele.

Nesse ponto, já foi estabelecido o jogo que irá nortear a encenação: realidade e ficção. Silvero situa, como em uma escritura, suas experiências com o universo trans, o teatro e o surgimento de Gisele Almodóvar. Faz sua primeira inscrição (escreve nomes em seu corpo, como tatuagens): "Gisele", na parte interna do braço esquerdo. Cartografa no corpo as múltiplas identidades.

Trânsito Silvero-Gisele

Era um desejo de Silvero, que se tornou também da direção, a independência dos equipamentos de iluminação, portanto toda a luz do espetáculo é operada pelo ator em cena, e os equipamentos fazem parte do cenário. Enquanto opera as luzes do espaço, Silvero senta no baú, calça sapatos vermelhos e solta o cabelo.

O ator avança até a frente do palco, no centro, e, como Gisele, dirige-se ao público. Fala um fragmento de texto da personagem Agrado (uma travesti) de *Tudo sobre minha mãe*, de Pedro Almodóvar. Durante o processo, surgiu, como memória e associação a Gisele Almodóvar, a inserção de algum material textual "roubado" do cineasta espanhol.

Desmontagem

Era evidente para nós que Gisele seria o trânsito e a possibilidade de conexão com o discurso que estava por vir, mas não seria ela quem daria continuidade à narrativa. Apaga-se, desmonta-se, desvanece. Desconfigura-se a personagem, desfaz-se o riso. Foco, microfone, anúncio em forma de projeção.

No processo, solicito a Silvero que crie uma sequência de ações cujo efeito seria a desmontagem de Gisele. Inversão da travestilidade. Subtrair do corpo os adereços, figurinos e maquiagem. Perder, desfazer, desconstruir a "montaria da travesti". Paradoxalmente, em projeção em vídeo, um rosto é "quebrado" (quebrar um rosto é usar maquiagem para deixar um rosto masculino com traços mais femininos e delicados).

Ofélia 1

Recorro à inserção de intertexto. Buscamos traçar um paralelo entre o episódio das travestis assassinadas e o suicídio de Ofélia, personagem da tragédia *Hamlet*, de William Shakespeare. Há ressonâncias entre os dois: vidas breves e efêmeras, sejam elas ficção ou a crua realidade. Entrego a Silvero um fragmento de texto, no qual Gertrudes, rainha e mãe de Hamlet, descreve a morte prematura da jovem e bela Ofélia. Peço, então, que trabalhe o texto no sentido de criar uma ruptura à música "Meninas de Ponta" e que o mesmo seja dito em ritmo acelerado, provocando tensão e aumento da densidade da cena, enfatizando assim as imagens reais de assassinatos de travestis extraídos das páginas policiais que são projetadas em vídeo nessa parte do espetáculo. Travestis assassinadas, violadas, espancadas, desfiguradas. Um país recorde em assassinatos de travestis. Imagens reais num espaço ficcional. Shakespeare. Ofélia, personagem feminino que no teatro elisabetano era interpretado por atores jovens com traços femininos. Ofélia joga-se no rio. Banimento.

"Meninas de Ponta", meninas mortas por tiros incógnitos. Meninas mortas, abraçadas em rios de concreto e asfalto. Mortas por um tiro, por vários tiros, por pauladas, jogadas em covas, calçadas, matos e sarjetas. Banimento.

Dublagem

Já tínhamos traçados bastante definidos do espetáculo, mas faltava algo que é inerente às artes transformistas: os números de dublagem. Como poderíamos trazê-los para a cena de forma diferente da comumente apresentada em shows transformistas? Assim como na desmontagem explicitamos o que está por trás, aqui revelamos os truques e os efeitos de dublar uma música em outro idioma. A canção "Shake It Out", de Florence and The Machine, nos possibilitou transitar entre o cômico e o trágico, hibridismo que está presente em toda a encenação. É risível quando o performer-dublador explica ao público estratégias para facilitar a dublagem, ainda que não domine o idioma que está dublando. É também risível quando revela truques que permitem "sincar" o movimento da boca com as palavras cantadas. A cena se adensa na medida em que se operam mudanças radicais de estados físico e emocional no corpo de Silvero, a partir da frase: "É bem mais difícil dançar quando o demônio está em suas costas, então livre-se dele..." A cena foi dirigida buscando trazer ao espectador os mesmos estados que o ator vivencia. E é também a ponte emocional para a cena seguinte: "A carta da mãe."

A carta da mãe

Perguntei a Silvero se teria alguma carta de sua mãe a ele destinada. Num primeiro momento, houve hesitação de sua parte. Minha solicitação aconteceu alguns dias antes de uma viagem de Silvero a Fortaleza. O processo de montagem de *BR-Trans* ocorreu em Porto Alegre, mas, eventualmente, ele estava retornando a Fortaleza, e me ligou de lá, dizendo: "Achei cartas de minha mãe." "Traga, mas deixe para trabalharmos juntos aqui em Porto Alegre", solicitei. Ao retornarmos ao trabalho, indiquei a Silvero que apenas lesse a carta como se fosse a primeira leitura — e talvez fosse mesmo, após tantos anos (a carta havia sido escrita por d. Rita em 1996) —, sem interpretação, sem se preocupar com o público, como se estivesse lendo para si mesmo. Conduzi a performance tentando buscar uma verdade quase real, procurando o simples e o sensível na ação, sem efeitos e sem estratégias técnicas, de forma que o ator se deixasse levar verdadeiramente pelo instante e pelos estados que a leitura lhe provocasse. Desde a estreia de *BR-Trans*, e cabe ressaltar que sempre repassamos o espetáculo antes de cada apresentação, essa cena não é ensaiada e nunca foi memorizada pelo ator. A carta é lida somente no ato da apresentação e está sempre à mercê do momento real do encontro com o público. É um dos momentos de maior envolvimento emocional do espectador, talvez pelo carinho, pela singeleza, pela saudade e pela simplicidade que a cena contém.

Meu cu

No fim da cena XII, "A história de Gisberta", há sempre uma atualização dos nomes de profissionais das artes cênicas que serão citados. Minutos antes do início do espetáculo a produção nos passa nomes de artistas que estão na plateia e, assim, os incluímos. Entendemos que pontuar esses nomes é uma forma jocosa de problematizar a visão que a maior parte da classe artística tem em relação à arte transformista, assim como também é uma deferência simpática aos atores, encenadores, figurinistas, cenógrafos e demais profissionais que vieram prestigiar o espetáculo.

O mesmo procedimento se ajusta aos nomes inscritos no corpo do ator, pois além dos nomes das travestis que pertencem à narrativa, nomes de travestis conhecidas na cidade na qual estamos nos apresentando também são cartografados no corpo de Silvero.

Geni/Babi

Começamos o espetáculo com Gisele Almodóvar e encerramos com Geni, personagem fictício de *A ópera do Malandro*, de Chico Buarque, em cruzamento com Babi, travesti real que mora em Pelotas, no interior do Rio Grande do Sul. Geni/Babi vem apenas em carne, nomes e botas (referência aos sapatos de salto usados pelas travestis e transformistas, mas também aos coturnos usados nas tragédias gregas a fim de aumentar o corpo dos atores devido à distância do público em relação ao palco).

Geni/Babi assume todas as narrativas. Geni/Babi é execrada pela sociedade que a explora, abusa, submete e silencia

— uma voz sem voz. Contudo, ela grita e tem voz na medida em que estilhaça a ficção e expõe valores éticos e reais. Na canção, Geni, mesmo em silêncio, torna-se a heroína na voz do autor e põe em xeque os valores de uma sociedade inquisidora, preconceituosa e julgadora.

A ânsia da encenação

Não sei o que conseguimos provocar ou alterar nesses anos de *BR-Trans*. Seguem-se os assassinatos, as humilhações, a falta de trabalho, o desamor, a solidão, o preconceito e a violência. Mas prosseguimos... Queremos potencializar o embate, dar visibilidade ao universo trans, produzir questionamentos e curtos-circuitos mentais. Resistência e resiliência são o cotidiano desse universo. "Porque o amor é tão longe e a dor é tão perto!!!"

Tentei, como encenadora de *BR-Trans*, ultrapassar as fronteiras territoriais, artísticas e pessoais, contrabandear narrativas, entender o corpo como um sistema de escrituras e perseguir o entendimento de que "os corpos se reconhecem a si mesmos não como homens ou mulheres, e sim como corpos falantes, e reconhecem outros corpos como falantes".*

Jezebel De Carli

---

* PRECIADO, BEATRIZ. *Manifesto Contrassexual*; tradução de Maria Paula Gurgel Ribeiro. São Paulo: n-1 edições, 2014.

© Editora de Livros Cobogó
© Silvero Pereira

Editora-chefe
Isabel Diegues

Editora
Mariah Schwartz

Coordenação de produção
Melina Bial

Revisão final
Eduardo Carneiro

Projeto gráfico e diagramação
Mari Taboada

Capa
Sandro Ka

CIP-BRASIL. CATALOGAÇÃO-NA-FONTE
SINDICATO NACIONAL DOS EDITORES DE LIVROS, RJ

Pereira, Silvero
P495b   BR-trans / Silvero Pereira.- 1. ed.- Rio de Janeiro : Cobogó, 2016.
72 p. : il. (Dramaturgia)

ISBN 978-85-5591-007-4
1. Teatro brasileiro (Literatura). I. Título. II. Série.

16-32485
CDD: 869.92
CDU: 821.134.3(81)-2

Nesta edição, foi respeitado o Acordo Ortográfico da Língua Portuguesa de 1990, que entrou em vigor no Brasil em 2009.

Todos os esforços foram feitos para a obtenção das autorizações dos textos reproduzidos neste livro.

Todos os direitos em língua portuguesa reservados à
Editora de Livros Cobogó Ltda.
Rua Jardim Botânico, 635/406
Rio de Janeiro – RJ – 22470-050
www.cobogo.com.br

Outros títulos desta coleção:

ALGUÉM ACABA DE MORRER LÁ FORA, de Jô Bilac

NINGUÉM FALOU QUE SERIA FÁCIL, de Felipe Rocha

TRABALHOS DE AMORES QUASE PERDIDOS, de Pedro Brício

NEM UM DIA SE PASSA SEM NOTÍCIAS SUAS, de Daniela Pereira de Carvalho

OS ESTONIANOS, de Julia Spadaccini

PONTO DE FUGA, de Rodrigo Nogueira

POR ELISE, de Grace Passô

MARCHA PARA ZENTURO, de Grace Passô

AMORES SURDOS, de Grace Passô

CONGRESSO INTERNACIONAL DO MEDO, de Grace Passô

IN ON IT | A PRIMEIRA VISTA, de Daniel MacIvor

INCÊNDIOS, de Wajdi Mouawad

CINE MONSTRO, de Daniel MacIvor

CONSELHO DE CLASSE, de Jô Bilac

CARA DE CAVALO, de Pedro Kosovski

GARRAS CURVAS E UM CANTO SEDUTOR, de Daniele Avila Small

OS MAMUTES, de Jô Bilac

INFÂNCIA, TIROS E PLUMAS, de Jô Bilac

NEM MESMO TODO O OCEANO, adaptação de Inez Viana do romance de Alcione Araújo

NÔMADES, de Marcio Abreu e Patrick Pessoa

CARANGUEJO OVERDRIVE, de Pedro Kosovski

A PAZ PERPÉTUA, de Juan Mayorga
Tradução Aderbal Freire-Filho

APRÈS MOI, LE DÉLUGE (DEPOIS DE MIM, O DILÚVIO),
de Lluïsa Cunillé
Tradução Marcio Meirelles

ATRA BÍLIS, de Laila Ripoll
Tradução Hugo Rodas

CACHORRO MORTO NA LAVANDERIA: OS FORTES, de Angélica Liddell
Tradução Beatriz Sayad

DENTRO DA TERRA, de José Manuel Mora
Tradução Roberto Alvim

MÜNCHAUSEN, de Lucía Vilanova
Tradução Pedro Brício

NN12, de Gracia Morales
Tradução Gilberto Gawronski

O PRINCÍPIO DE ARQUIMEDES, de Josep Maria Miró i Coromina
Tradução Luís Artur Nunes

OS CORPOS PERDIDOS, de José Manuel Mora
Tradução Cibele Forjaz

CLIFF (PRECIPÍCIO), de Alberto Conejero López
Tradução Fernando Yamamoto

2016
———————
1ª edição

Este livro foi composto em Univers.
Impresso pela Mark Press sobre
papel Polen Bold LD 70g/m².